「不安の時代」を生きる

悲しみの過去を手放し
希望の未来へ

佐藤　彰
福島第一聖書バプテスト教会
アドバイザー牧師

日本キリスト教団出版局

はじめに――福島第一聖書バプテスト教会の物語

教会創立の歴史

保守バプテスト同盟・福島第一聖書バプテスト教会の歴史は第二次世界大戦直後の一九四七年にさかのぼる。この年、福島県双葉郡大野村（現・大熊町）の高橋清氏ほか有志が保守バプテストミッションのホレチェク宣教師夫妻をアメリカから招いたのだ。敗戦によって荒廃し、またこれといった産業もなかった農村を救うために「酪農とキリスト教精神に基づいた新しい村を作りたい」との願いからだった。

その期待をもって招かれたホレチェク宣教師は精力的に農村伝道を行って教

会を建て、その後各地で宣教活動を続けた。後を継いだのは同宣教師によって育てられた柿崎正牧師だった。その柿崎牧師が一九七九年に辞任してからは、三年間の無牧（専任牧師がいないこと）の後に佐藤彰牧師が赴任した。一九八二年のことだった。

東日本大震災が起こった二〇一一年三月時点では福島第一聖書バプテスト教会には大野チャペル、熊町チャペル、桜のチャペル、小高チャペルの四つのチャペルがあり、熊町チャペルでは四月より高齢者のデイサービスが始まる予定だったという。

その教会を東日本大震災の地震と原発事故が襲った。

震災時の経緯

震災が起こった三月十一日、佐藤彰牧師は夫妻で千葉県にある神学校の卒業式に出席していた。

一方、被災地では大野チャペルからわずか五キロしか離れていない東京電力福島第一原子力発電所が津波の被害で放射能漏れ（その後、原子炉建屋が水素爆発）を起こし、教会員は地域住民と共に自衛隊のトラックやバスに乗せられて即刻強制避難させられた。留守を預かっていた副牧師の佐藤将司牧師もその一人で、やがて互いの安否を確認し合う中で教会員たちは自然と同副牧師と行動を共にするようになった。そしてこのことを知らされた佐藤彰牧師夫妻も車に支援物資を積んで千葉県から福島県へ向かい、避難先の会津で合流を果たした。合流時、避難していた人の数は七〇名を越えていたという。

一行の逃避行の行程は次のようになる。

三月十六日　恵泉キリスト教会会津チャペルにて佐藤彰牧師夫妻と佐藤将司副牧師以下の教会員が合流。

三月十七日　車一二台に分乗して吹雪の山中を会津から山形県米沢市の恵泉宣教センター（ミーコ記念ホール）に移動。

三月三十一日　全員で東京・奥多摩にあるドイツ・リーベンゼラミッション

の「奥多摩福音の家」（キャンプのための施設）に避難。
二〇一二年四月　一年間の奥多摩福音の家での集団生活にピリオドを打ち、福島県いわき市に土地と住居を得て移転。礼拝はセレモニーホールなどを借りて実施。
二〇一三年五月　いわき市泉町に新会堂「つばさの教会」（泉のチャペル）を献堂。

「不条理」が、思いもよらない「未来」をくれた

福島第一聖書バプテスト教会の教会員は身一つで避難した人がほとんどだった。しかしその避難生活は今、一〇年を越えようとしている。原発事故の放射能汚染で、ふるさとに帰るに帰れなかったのだ。ほぼ全員が生活の場を奪われ、家を奪われ、ふるさとを奪われ、慣れない土地での生活を余儀なくされた。苦しい一〇年だった。

しかしこの不条理をくぐり抜けて今、佐藤彰牧師は「悲しみの涙で未来を染

めてはならない」と語る。「最悪の後には最善が備えられている」とも。震災によって自分たちが変えられ、思いもしなかった未来の物語に引き出された、と。そしてその物語はまだ続いている。

日本キリスト教団出版局では震災翌年の二〇一二年に佐藤彰牧師の『選ばれてここに立つ』を刊行した。それは、人生の労苦のほぼすべてを一瞬にして奪われた同牧師が、それを神の選びと捉え直して立ち上がる物語だった。書名の由来は旧約聖書のエステル記4章である。「この時のためにこそ、あなたは王妃の位にまで達したのではないか」（4・14）との、王妃エステルに覚悟を促すモルデカイの言葉だ。実際、赴任した一九八二年よりの二九年間、心血を注いで建て上げた教会が一瞬で失われたと思っていた佐藤彰牧師は、この言葉によって支えられた。

今、「不安の時代」に私たちは生きている。新型コロナウイルスの感染拡大によって職場を解雇された人、生活の糧を奪われた人が途方に暮れて立ち尽くしている。東日本大震災以来「想定外」という言葉には慣れたつもりだったが、人生の想定外は至る所にあるのだと改めて思い知らされている。しかしだからこそ、私たちが聴くべき言葉があるはずである。「この時のためにこそ」語られる言葉が。

なお、本書の元になっているのは佐藤彰牧師の以下の二つの説教だが、それぞれ、本書収録にあたって大幅に書き換えたものである。「悲しみの過去を手放し　希望の未来へ」はゴスペルナイト東京／Love Sonata 10周年記念2017での説教、「『コロナ後の世界』を生きる」はＪＴＪ宣教神学校公開ミニライブセミナー（zoom）2020での説教である。

二〇二一年三月

日本キリスト教団出版局編集部

関連地図

福島第一聖書バプテスト
教会の避難経路

被災前の同教会の周辺地図

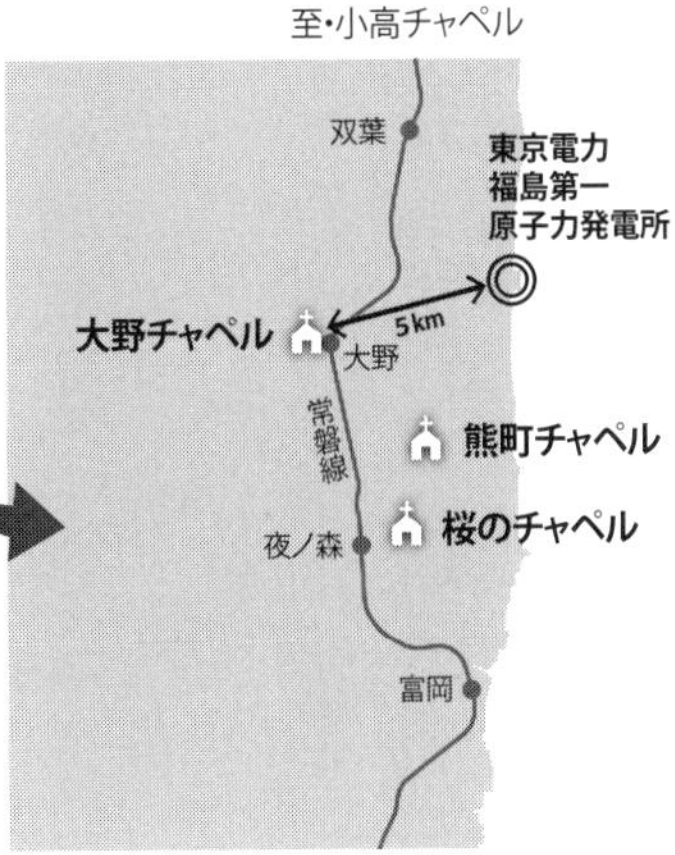

❖もくじ

装幀／デザインコンビビア（飛鳥井羊右）
聖書は日本聖書協会の『聖書　新共同訳』を使用

悲しみの過去を手放し　希望の未来へ

避難先の「奥多摩福音の家」で教会員と

いわき市に建てた「つばさの教会」(2013 年)

今、悲しみの中にいる人へ

あなたは今、先行きの見えない不安の中を過ごしておられるのでしょうか。あるいは過去の癒えない傷をひきずり、思い出したくない過去に縛られ、自分など絶対ダメだと思い、自信を失い、次の一歩を踏み出せないでいるのでしょうか。

私がみなさんに語りたいのは、そんな不安と後悔の涙であなたの未来を染めてはいけないということです。

断ち切るべきを断ち切り、不安を抱えたままであってもすべてを導かれる神さまを信じて一歩を踏み出してほしいのです。一度限りの人生を悔いなく、精一杯生きてほしいということです。涙で未来を染めてはいけないのです。

自分のがんばりでそうしてほしいということではありません。神さまがあなたのために用意している未来に向けて、神さまの愛を信じて踏み出してほしいのです。神さまはあなたのすべてを導かれます。それに信頼する覚悟と信仰さえ持てれば、荒れ野の中に道が見えてきます。

イザヤ書43章18〜21節にこのようなみ言葉があります。

「初めからのことを思い出すな。
昔のことを思いめぐらすな。
見よ、新しいことをわたしは行う。
今や、それは芽生えている。
あなたたちはそれを悟らないのか。

わたしは荒れ野に道を敷き
砂漠に大河を流れさせる。
野の獣、山犬や駝鳥もわたしをあがめる。
荒れ野に水を、砂漠に大河を流れさせ
わたしの選んだ民に水を飲ませるからだ。
わたしはこの民をわたしのために造った。
彼らはわたしの栄誉を語らねばならない。」

イザヤ書の時代、神さまを信じる人々（南王国ユダの人々）は外国の脅威にさらされていました。
アッシリアの王センナケリブは将軍ラブ・シャケをエルサレムに遣わし、民に「あなたがたは神の民だとか選ばれたとか言っているが、神はわれらの軍隊からあなたがたを守れはしない。やがてあなたがたは自分の糞と尿を食らうことになる」（イザヤ書36章参照）と宣告させました。幸い、南王国ユダは一度は難を逃れました。しかし最後にはアッシリアの後に勃興したバビロニアに負け、民は捕囚となってしまいました。大きな屈辱を味わったのです。

しかしイザヤ書は言うのです。「初めからのことを思い出すな。昔のことを思いめぐらすな」と。つらかったこと、苦しかったこと、悔しかったこと、恨みに思うことを思い出すな、と。必ず回復の道はある、と。事実その後、イスラエルの民は捕囚から解放されたのです。

⚜ そこに道はあった

私は震災によって家に帰ることができなくなりました。自宅は原発から七キロの距離にあって放射線量が高かったからです。その家には二〇年、三〇年と住み、子どもたちとの思い出がいっぱい詰まっています。しかし放射能によって帰ることができなくなってイノシシなどの野生動物に荒らされ、朽ち果てるまま放置されてしまいました。そのため、震災から六年後に取り壊しました。今は更地となって草が生い茂っています。もちろん今も帰ることはできません。

ある教会員の家はネズミの死骸に蛆《うじ》がわいていました。大事なアルバムが雨漏りで水浸しになって朽ちていくのを見て笑える人はいません。誰もが、「これは悪夢か」と思ったのです。「夢なら醒めてくれ」と。

けれども、起こってしまったことは消せないとしても、いつまでもその悲しみの中にいていいのでしょうか。それで明日は来るのでしょうか。神さまが用意しておられる素晴らしい未来があるのに、その未来を悲しみで染め切っていいのでしょうか。聖書は言います。「思い出すな」「思いめぐらすな」と。

そして続けて言います。

「見よ、新しいことをわたしは行う。今や、それは芽生えている」と。

このことを私は震災という想定外の出来事を経験して知りました。

震災の日、私と妻は千葉県にいました。原発事故のニュースを聞き、また教会員が避難しているとの連絡を受けて救援に向かいました。私はとにかく悔しい思いでいっぱいでした。教会に赴任して二九年。心血を注いで建て上げた教会が一夜にして失われたのですから。人生は悲しいものだなと思ったのです。ただそれでも、一緒に避難をしているという教会員十数名だけは助けようと思ったのです。教会は歴史に終止符を打ち「一巻の終わり」、「終結宣言」をするのだと思い、本当にまるで敗残兵のようにうちのめされていたのです。

その後の経過は、拙著『選ばれてここに立つ』（日本キリスト教団出版局、2012年）に詳しく書かれています。

ところが現実にその後私たち福島第一聖書バプテスト教会が導かれたのは「一巻の終わり」でも「終結宣言」でもありませんでした。

神さまが用意した、思いもしなかった未来だったのです。

イザヤ書にあるように、今、みなさんの目の前にあるのは「荒れ野」「砂漠」かもしれません。絶望や悲しみしかないように見えるかもしれません。ですが、主は、その「荒れ野」「砂漠」で新しいことをなさると言っておられます。荒れ野に道を、砂漠に大河を流れさせ、「今や、それは芽生えている」と言われます。

悲しいこと、苦しいこと、恨みに思うことに目を奪われ続けるのはやめましょう。たとえ目の前は砂漠だとしても、その砂漠に一歩を踏み出しましょう。その先に思いもしなかった神さまの未来があることを信じましょう。たとえすぐにはわからなくても歩み続けましょう。時を経て振り返って見ると、そこに神さまの道があったことがきっとわかるはずです。

⚜坂本龍馬を暗殺した今井信郎と龍馬の甥・坂本直の物語

日本史好きの人にとって、人気が高い人物の一人に幕末維新の志士坂本龍馬がいます。土佐の郷士《ごうし》でありながら脱藩して日本で初めての商社と言われる

「亀山社中」（後の海援隊）をつくったり、倒幕のための「薩長同盟」（薩摩藩と長州藩との同盟）を斡旋したりしました。しかし一八六七（慶応三）年に京都で暗殺されてしまいました。

実は、この龍馬暗殺事件には後日談があるのです。

龍馬を暗殺したのは京都の治安維持にあたっていた幕府側の「京都見廻組」でした。その副隊長をしていたのが今井信郎《のぶお》という武士です。今井は龍馬暗殺に加わり、その後も旧幕臣として薩摩・長州の新政府軍に徹底抗戦し、最後は北海道の五稜郭での戦いで捕らえられます。坂本龍馬暗殺の犯人とされる今井です。本来は厳しく処罰されるはずでしたが西郷隆盛が今井を惜しんで恩赦したと言われます。

恩赦後、静岡の牧之原という地に追放されて営農していた今井はやがてクリスチャンになります。一説には、旧知の間柄だった新選組隊士・結城無二三《ゆうきむにぞう》を通して導かれたとも、お茶の栽培をしていたので取引のために訪れた横浜でキリスト教に触れて（日本最初のプロテスタント教会である横浜海岸教会で）回心したとも言われます。

その今井が、一八七八（明治一一）年か七九（同一二）年ごろに坂本龍馬の子孫から手紙を受け取り、龍馬の法要に招かれているのです。招いたのは坂本直《なお》、龍馬の甥でした。後に龍馬の子孫断絶を惜しんだ朝廷によって龍馬の養子になった人物です。

実は坂本直もクリスチャンだったのです。直は維新後は新政府の役人となり、五稜郭の戦いでは一時函館にいました。その直が仇敵であった今井に手紙を送ったのです。今井としては、たとえ明治となって世が変わっても、自分が坂本龍馬を斬ったという事実は変わりません。「おそらく法要に出れば生きては帰れまい」との覚悟で出かけて行ったと伝えられています。

ところが、その法要の席で直が語ったのは、

「過去のことは忘れてこれから新しい日本の為《ため》にともにやりませう（ママ）、私はあなたにお目にかゝれてほんとうにうれしい」

という言葉でした。

　直はその後政府の役人をやめ、高知に帰って終生高知教会の良き信徒として信仰をまっとうしたそうです。他方、今井信郎も静岡に帰って榛原《はいばら》郡初倉村の村会議員、農会長、村長を歴任したそうです。


　自分の身内が殺されて、その記念会、法事に加害者を呼ぶでしょうか。たとえば自分の息子・娘が交通事故で死んで、その加害者を葬式に呼ぶでしょうか。まして現代の話ではなく、仇討ちのあった時代の話です。仇であれば殺すのが当たり前の時代に坂本直は赦しました。今井も、行ったら殺されると思いましたが行きました。そこでの会話が「過去のことは忘れてこれから新しい日本の為にともにやりませう《（ママ）》」なのです。過去は消せないけれど、この国の未来に向かって力を合わせましょうと語り合いました。そこにはもはや過去の恨みつらみはありませんでした。

　きっとあなたは聞くでしょう。それでいいのですか。恨みを晴らさなくていいのですか、と。そうです、それでいいのです。

私たちは過去の涙に未来までも支配はさせないのです。

聖書の命令に従って、もう昔のことは思い出さないのです。未来に向かって生きるのです。

⚜ まっすぐ前を見て 一歩を踏み出す

けれどもあなたはさらにこう聞くでしょう。現実はそんなお花畑ではありませんよ。神さまはなぜ初めから万事を良きにしてくださらないのですか、と。

確かに、どの人の人生も厳しいものです。未来に向かうためにどこかで過去と折り合いをつけたとしても、それで困難がなくなるわけではありません。きっと次の困難がやってくるでしょう。でもそれでいいのです。

すべての困難、人生の荒れ野は「呪い」ではなく、私たちを新たな未来に向かわせるためにのみ存在しているからです。

「見よ、新しいことをわたしは行う。今や、それは芽生えている。あなたたちはそれを悟らないのか。わたしは荒れ野に道を敷き　砂漠に大河を流れさせる」（イザヤ書43・19）

　およそ人が住む場所ではない荒れ野。未来に向かう道はその荒れ野の中を通っています。未来に行くには、たくさんの困難に遭遇するでしょう。しかしそれは「呪い」ではないのです。困難は私たちを潰すために存在しているのではないのです。すべての困難は私たちを強くするために、未来に向かわせるためにのみ存在しているのです。

　先日、免許証の更新に出かけました。私の免許証はゴールドです。更新は短時間ですみます。その講習会で講師が大変上手な話をしてくれました。「福島県のゴールド免許保持者のみなさん、福島県の交通事故の約半数はゴールド免許の保持者によるものです。ですから、ハンドルに手をかけ、右足をアクセルに乗せたら、キョロキョロとよそ見をしてはいけません。ダッシュボードも開けてはいけません。バックミラーで後ろばかり見たり、右左のきれいな風景に目を奪われてはいけません、まずは目の前のフロントガラスとその先をしっかり見ましょう」と。

　人生のハンドリングもそうではないでしょうか。人生によそ見をしている暇はありません。前を見て、苦しくてもつらくても、半歩でも一歩でも、進むのです。目の前の荒れ野は、考えて立ち止まっている間は何も変わりませんし、何も起こりません。しかし半歩でも前に進めば、神さまが驚くようなことをしてくださるのです。

⚜ 大震災で思い知ったこと

震災に遭遇して、四つのチャペルが閉鎖となりました。津波で亡くなった教会員もいます。生き延びた教会員もバラバラになり、全国に散らされました。私は避難所に身を寄せた教会員のうちの、一緒に避難している十数名を救出しようと会津に向かいました。ところが着いてみると、そこにいたのは予想を越える七〇名でした。それからは、寝る場所の手配、食べ物やガソリンの確保……あらゆることをやりました。

「いったいこれはなんのドラマだ」と思いました。「これが夢なら醒めてくれ」と思いました。幸いに「奥多摩福音の家」が私たちを迎え入れてくれたので逃避行は終わりましたが、キャンプのために作られた施設で教会員同士とはいえ、極度のストレスを抱えながら肩寄せ合って暮らすのは大変でした。プライバシーがあるようで無いそんな異常なキャンプ生活を一年間送って、福島県に戻りました。いつまでもキャンプ場を占有しているわけにはいきませんし、自分たちの行く末も決めなければなりませんから。全員で話し合った結果、故郷の福島県に、それもできるだけ地元に近いいわき市に戻ろうということになったのです。

それからは物件を探すために東京のキャンプ場から日帰りでいわき市の不動産屋を回りました。教会員が住むためのアパートを探しましたが一件もありませんでした。というのも、原発周辺から避難してきた多数の被災者がすでに流入していたからです。「これ以上避難民に来てほしくない」という声さえ聞きました。「東京に住めばいいではないですか」とも言われました。

それでも希望をつなぐために、ある不動産屋で、「もし空《あ》いたら連絡してください」とお願いして帰りました。「無理です。空かないですよ」と言われました。が、二日後に物件紹介のファックスが来ました。四日後にも。ちょうど、多くも少なくもない住まいがすべて一週間で与えられたのです。

不動産屋の人が、「こんなこともあるんだ」と言いました。私は、「神さまだ！」と思ったのです。天からマナ（出エジプト後に荒れ野の旅路で天から降ってきた食べ物）が降ってきたのだ、と。

こうして二〇一二年に教会員と一緒にいわき市に戻りました。翌年には新会堂も作りました。もともとは仮住まいの地に教会堂を建てる予定はなかったのです。いろいろな教会に頼んで会堂をお借りしたり、公民館で賛美歌を歌わせてくださいとお願いしたりしました。でも、安定してまとまった人数が集会を開くことができる場所はなかなか確保できませんでした。探している途中に雨が降ってきました。私はなんだか濡れネズミのようなみじめな心境になりました。

私たちは震災の直前に大野チャペルを建て替えたばかりでした。他にも桜のチャペル、小高チャペル、熊町チャペルという合計四つのチャペルを持っていたのです。しかしそれらすべてを失い、頭を下げて場所を借りなければ賛美歌も歌えないのです。

しかしその時神さまの声が私の耳に聞こえたのです。

「いつまでメソメソしているのだ。震災がすべての教会堂を奪ったなら、なぜ震災が産む新しい教会堂を建てようとしないのか」

ハッとしました。失ったらまた新しく作ればいいのです。

悲しみにうちひしがれ、未来まで悲しみで染める必要はないのです。

そうと気がつけば震災は決断とスピードが勝負です。まごまごしているとせっかく与えられた自分のエネルギーが半減してしまいます。すぐに不動産屋を回りました。そしていい土地の候補を見つけました。ところが不動産屋は「きっと難しいですよ」と言います。「地主さんは売ってくださるかわからないですよ」と。そこで私は直接お話ししたいと思って妻と一緒に地主さんとお会いしたのです。

私たちは地主さんにこれまでの教会の物語を語りました。教会員がバラバラになって北海道から沖縄まで散ったこと。津波で亡くなった五十歳の教会員のこと。悲しくて、苦しくて、だからこそ希望の象徴として翼を広げ、故郷の方を向いて建ち、天に向かって飛び立っていくような復活復興のシンボルとなるチャペルを作りたいのだと。三〇分ほどそんなことを語ったでしょうか、あとは涙で続けることができませんでした。地主さんは黙って話を聞いてくださり、その数日後東京のキャンプ場に「売ります」との連絡をくださったのです。

山は動きました！　海は分かれました！　砂漠に生きる道があったのです！

今、いわき市に移転して一〇年目を迎えます。住まいと教会堂が与えられ、教会員もようやく過去の痛手から立ち直りつつあります。戻れない自宅を壊して更地にし、あらたな気持ちで歩みだした人もいます。最近では、管理が大変だった家屋敷を手放すことができてかえって良かったと語る教会員さえ出てくるようになりました。

震災は大きな喪失経験でした。向かう先は荒れ野で、困難しかないとさえ思えました。しかし今振り返ってみると、一歩を踏み出したそこに不思議なようにして道ができてきました。

そしてその先には、当時は思いもしなかった未来が待っていました。

日本の教会は小さくて力がないと言う人がいますが、震災の時のホスピタリティは半端ではありませんでした。被災した私たちに寄せられた全国、全世界の教会からの支援。また、宗教の垣根を越えた被災地への支援は相当なものでした。迫害に強いと聖書に書かれている教会は震災にも負けないのか、復活するのかと本当に思いました。

二〇一六年、小高の放射線量が下がって小高チャペルを使用することができるようになりました。地域住民の多くはまだ戻っていませんが、チャペルでは月に一回、礼拝がもたれるようになりました。小高では津波がチャペル付近まで押し寄せ、一人の教会員がすぐ近くで命を落としているのです。そのチャペルが再開できる日が来るとは思いもよらぬことでした。もしかしたらこの被災地にもまた、神さまの導く新しい未来の物語があるのかもしれないと最近は思っています。

⚜長崎・浦上物語

長崎に行くと、カトリック教会のすごさに圧倒されます。そこにもまた神さまの物語、復活の物語があります。

およそ四七〇年前、フランシスコ・ザビエルによってキリスト教が日本に伝わり、多くの人がキリシタンとなりました。しかしその後迫害が始まりました。まず、豊臣秀吉によって宣教師が国外追放となりました。徳川時代になるとさらに過酷な禁教令（慶長一七、一八年）が出され、キリスト教信仰自体が一切認められなくなりました。おびただしい数のキリシタンが処刑され、日本からキリスト教は根絶されたかに思えたのでした。しかし実際は各地の信者が潜伏キリシタンとなり、実にその後の二五〇年の間信仰を守り続けたのです。その潜伏キリシタンが住んでいた村の一つが長崎の浦上です。現在、その浦上には浦上天主堂という大きな聖堂が建っています。しかし、この浦上の信徒がなめた苦難は筆舌に尽くしがたいものがありました。まず、幕末の「浦上四番崩れ」という大迫害がありました。

鎖国が解かれた幕末の一八六四年、長崎に来たカトリックの宣教師たちによって市内に外国人渡航者のための天主堂が建設されました。その話を聞いた浦上の信徒たちは天主堂を訪ね、フランス人の神父に信仰を告白したのでした。これは日本国内はもとより、諸外国に「信徒発見」のニュースとして伝えられ、衝撃を与えた出来事です。指導者がいないのに二五〇年もの間信仰が守られた「奇跡」と言われた歴史的事件です。

しかし当時はまだキリスト教禁止の時代です。幕府はただちにこの信徒たちを捕らえ、一村総流罪として三三八四人もの人々を各地に送り、牢に閉じ込めて棄教するように拷問をしました。明治となり、一八七三年に諸外国の抗議によって釈放されるまでに、実に六一三人もが殉教したと言われます。

しかし、浦上の信徒の苦難はそれで終わったわけではありませんでした。

迫害を経て生き残った人々が郷里に帰り、そこに浦上天主堂を建てました。建てるのに三〇年を要したそうです。ところが一九四五年八月九日、その天主堂から五〇〇メートルの近くに原子爆弾が落とされました。一瞬のうちに天主堂も浦上も破壊されてしまいました。一説によると約一万五〇〇〇人の信徒のうち、一万人が亡くなったと言われています。

なんという被害でしょうか。なんという苦難でしょうか。教会がなくなってもしかたがない困難です。しかし教会はなくなりませんでした。キリシタン禁制のもとで生き延びた教会は幕末の迫害でも復活し、原爆をも乗り越えたのです。苦難のたびに復活し、日本では東京に次ぐ大きなカトリックの教区となって今日に至ります。

私は言いたいのです。どんな小さな教会にもイエス・キリストがおられるので

す。

キリストがおられる限り何度でも復活するのです。

ですから私も、そのようなイエス・キリストがおられる教会に身を低くして仕えたいのです。そして過去の悲しみを断ち切り、現在の困難を乗り越えて、新たな未来を見たいのです。

「野の獣、山犬や駝鳥もわたしをあがめる。荒れ野に水を、砂漠に大河を流れさせ　わたしの選んだ民に水を飲ませるからだ」（イザヤ書43・20）

神さまは荒れ野に水を、砂漠に大河を流れさせ、花を咲かせ、エジプトの海を分けられる神さまです。ですから、**目の前の試練を偶像のように絶対視してはいけません。**それを乗り越えさせ、涙を拭いて天を見上げさせるのが私たちの神さまであり、私たちの信仰です。試練に遭ったから不幸せで、試練がなかったから幸せ、ではないのです。そんな薄っぺらな物の見方は私たちの人生に当てはまらないのです。

⚜夢見た「未来」に生きた人々

私の母

私のことをお話しすると、私が牧師になった理由は「母です」と言うしかありません。母は見合い結婚をした婚家でいろいろつらいことがあったようです。その苦しみの最中、子ども三人を教会の幼稚園に入れたことがきっかけで信仰を持つようになりました。一方私はというと、少し成長してくると教会がうっとうしくなりました。そこで徐々に教会には行かなくなりました。

ところが、十七歳の時不思議な導きがあったのです。久しぶりに訪れた教会で、礼拝堂の椅子に座った瞬間に電気でうたれたように「自分は牧師になるのだ」との思いが胸に響いたのです。まだ信仰を持たず、洗礼も受けていなかった時のことでした。

その後時を経て大学を卒業した二十二歳、私は母に「神学校に行って牧師になる」という手紙を書きました。するとなんと母から「そんなことは二〇年前から知っていた」という返事が来たのです。

二〇年前、それは母がいちばん苦しかった時代のことです。私はというと二歳でした。ある日、いつものように幼稚園に私を迎えに来た母に向かって、「ぼく、牧師になる」と言ったのだそうです。驚きつつ真に受けた母はすぐ私を教会に連れて行き、神さまに捧げるお祈りをしました。当の本人である私はまったく覚えていません。

「それからずっとあなたの牧師職のために祈り続けてきました。あなたが教会に行かなくなってどんどん離れていくことを心配しながらも。今、あなたが神学校に行くと聞いて恐ろしいくらいです。神さまは本当におられます」と手紙にありました。

そうです。私はそれと知らずに、母がいちばん苦しかった時代に夢見ていた「未来」の中を歩んでいたのです。

ホレチェク宣教師

福島第一聖書バプテスト教会はホレチェク先生が戦後に開拓した教会です。原子力発電所ができる以前の話です。

福島県の浜通りと言われるこの地方には、当時は産業と言えるものはありませんでした。ほとんどの大人は冬になると都会に出稼ぎに出る、そんな農村地帯でした。そこに村の小さな教会を作りました。妻は日本で亡くなりました。それでも伝道を続け、「やがてこの教会は南へ移動し、いわき市で伝道するようになる」とおっしゃっていたそうです。

三〇年後、そんなことを知らないまま私はその教会に赴任しました。四つのチャペルを建て、二〇〇八年には大野チャペルを建て替えて「今後百年間使える」と言っていました。そこに起こった突然の巨大地震。一五メートルの大津波で原発が爆発してふるさとが消えました。四つのチャペルは閉鎖となり、何人もの教会員が亡くなり、引き裂かれて流浪の民となりました。そしてその民が、流浪の末に降り立った所がいわき市なのです。今そこに新会堂「つばさの教会」が建っています。

私たちはホレチェク宣教師が大きな犠牲を払って夢見た未来の中を歩んでいたのだと思います。

Hさん

もう一人、夢見た未来に生きた人を紹介します。

その方はHさんという女性の信徒です。教会の草創期のメンバーの一人であり、私をこの教会に招いてくれた人であり、牧師として育ててくれた人です。

Hさんの父母は岡山県の農村生まれですが、彼女自身は東京生まれの東京育ち。見合い結婚で福島県の浜通りにあるH家にやってきました。H家は土地の名士で檀家総代、会社も経営していました。家には大姑《おおじゅうとめ》、姑、夫の兄弟姉妹、職工、お手伝さんなどがおり、因習の強い地方の名家に入った嫁として、大変な苦労をされたそうです。その悩みの中でホレチェク先生との出会いがあり、クリスチャンになりました。

名士の家、しかも檀家総代の家の嫁がクリスチャンになるというだけで大騒動です。「Ｈの家ではゆるされないから信仰をやめなさい。やめないなら、離縁して出て行くように」と迫られ、家族が口をきいてくれないばかりか、教会の集会に行くのも固く禁じられた一時期があったそうです。心配してそっと訪問してくれるホレチェク先生が手渡してくれたローマ字つづりの聖句だけが励ましだったといいます。

Ｈさんの残された証しの小冊子があります。タイトルは『試練こそ恵み』です。

このタイトルどおり、数々の試練がＨさんの信仰を育てました。家族に信仰を認めてもらえるまでは時間がかかりましたが、その火のような試練が彼女を祈りの人、信じて歩む人に育てました。

私が神学校一年生だった時にそのＨさんが羊羹《ようかん》一本持って訪ねて来て、「村の小さな、二〇人くらいの教会ですが牧師がいないのです。来て助けてください」と言ったのです。初対面の私を牧師にと招いてくれました。後日、本当に教会から正式な招聘《しょうへい》状が届きました。

Ｈさん以外は私に会ったことがない人ばかりの役員会で招聘状を書いたのです。普通のことではありません。若い神学生だった私は、「これは信仰による招きだ」と感激したのです。信仰によって呼ばれたのですから、信仰を働かせて行くことにしました。赴任した後は、右も左もわからない私を本当に大切にしてくれました。きっと私の未来に投資してくれて、私の未来に期待してくれたのだと思います。そこまでされたら少しはがんばらなければと私が思うように、背中を押し育ててくれた人です。

彼女の夫はインテリで、家庭集会を開いているとテレビのボリュームを最大にして邪魔をするような人でした。そんなことがあったのに、病気になった時に、「僕も、ちゃんとイエスさまを信じているから心配するなよ」とHさんに語ったそうです。夫が亡くなってからはHさんは、「今まで、口では『永遠の生命』と喋っていたのですが、それは知識だけで、この時初めて『永遠の生命』を体験できたのでした」（『試練こそ恵み』）と語っていました。

その彼女がガンになりました。亡くなる前に私と一緒にアメリカに行き、ミネアポリスの小さな教会にいたホレチェク先生と再会しました。そしてそこで変わった証しをしました。「みなさん、あそこに座っている宣教師が二十五歳の時に福島に来て、汽車の中で出会った私にいきなり『神はいます』と言いました。その後私はクリスチャンになって少しつらい経験もしましたが、本当によかったと思っています。今私は体に四つのガンを抱えていますが、死ぬのが少しも怖くないのです。みなさんも福音の底力を知りたいと思ったら、私のようにガンになってみてください」と。

思わず笑う人もいましたが、ホレチェク先生は目に涙をいっぱいためていました。この一人の人が救われるために、妻を日本で亡くしてもわが宣教師人生に悔いはない、私にはそう見えました。

訪米から帰った後、Ｈさんは小高にあった三〇〇坪の土地を教会にささげ、そこにチャペルが建ちました。桜のチャペルが建っている一二〇〇坪の土地も彼女がささげたものです。

そのＨさんがいよいよあぶないという一九九四年二月十九日、土曜日の夜。亡くなる五時間半前のこと。これが最後だと思った私は昏睡状態の彼女の枕元で言いました。「私はあなたに呼ばれてこの教会に来ました。あなたが私を育ててくれました。私の勲章はあなたです。あなたのような教会員をもって私は誇らしいです」と。

するとどうでしょうか、彼女の頬がピクリと動いたかと思うと、目にうっすらと涙がうかんだのです。その時の光景を私は忘れることができないのです。

私はいつの日か天国で、この教会員を牧した牧師は誰だと言われた時に、「私がそうです」と言える未来に向かって希望をもって歩みたいのです。いつの日か神さまが与えてくださる未来の国で、野の獣、山犬や駝鳥と共に、また白人、黒人、あらゆる人種の人と共に、またHさんと共に、神さまをあがめたいのです。

みなさんにも神さまが用意しておられる「不思議な未来」があるはずです。その未来に行きたいとは思いませんか。

⚜ 最悪の後には最善に導かれた

四年前、私はクロアチアで大腿骨骨折という大怪我をしました。

クロアチアはかつてユーゴスラビア社会主義連邦共和国（旧ユーゴ）を構成していた国の一つです。もともと旧ユーゴは多様な民族・多様な宗教で構成された複雑な国家でした。そのため、東西冷戦の終結後は各民族が独立を主張して衝突し合い、長い内戦を経験しました。クロアチアもその一つです。一九九一年から九五年までクロアチア紛争があり、多数の死者と難民を生み出しました。その内戦からどう復興したのかを見たいと思って訪問したのです。

その旅行の途中でスプリットという町に立ち寄りました。ここには古代ローマ帝国のディオクレティアヌス皇帝の宮殿跡があります。その宮殿跡の石畳でのこと、私の不注意で足を踏み外し、転倒してしまったのです。転倒した瞬間、「バキッ」と音がしたように感じました。すごい痛みでした。救急車で搬送されて病院に担ぎ込まれました。

旅行先での大変な災難でしたが、実は、そこで出会った医師が名医だったのです。ブルーノ・ルカスッチー先生という方です。

しかし、ブルーノ先生が名医だとは露知らない私は慣れない異国の病院に不安を覚え、まず悩んだことは、帰国してから治療するかここで治療するかでした。しかし痛みがひどく、とても帰国を待ってはいられません。下半身がまったく動かず、少しでも動かすと激痛が走りました。もしかしたらこのまま一生下半身麻痺かと恐れました。ブルーノ先生からも、「あなたは日本に帰ったら一生歩けない。ここですぐに手術をしなさい」と言われました。否応なく同意書にサインをすることになりました。

こうして手術を終え、療養を経て一か月後に帰国し、日本の病院で医師に手術後のレントゲン写真をみせたところ、「これは難しい手術でしたね。でもすばらしい手術です」と何人もの医師から賞賛されたのです。これは想像ですが、クロアチアでは長く内戦が続いたせいでこのような外科手術を行うことが多かったのではないでしょうか。そしてそのために医師の技術が他国をしのぐほどになったのではないでしょうか。クロアチアの医師からも、ブルーノ先生の手術は何か月も順番待ちであること、海外からも多くのオファーがあること、それらの人々を差し置いて手術をしてもらえるのは異例中の異例であると教えられました。

最悪とも思える事態の中にも、最善が備えられていたのです。

ブルーノ先生のことだけではありません。帰国は、ストレッチャーに乗せられてコペンハーゲン経由で成田に帰ってきたのですが、途中立ち寄る空港で医師の許可がないといけないということで、その許可を取るのが大変でした。まるで針の穴にらくだを通すような困難に思え、もうダメかなと何度も諦めかけもしました。しかしこれも飛行機が飛び立つぎりぎりのタイミングで許可が下りました。そして、こうして帰って来た国内で入院した病院は、患者たちが口を揃えて「この地方では最高の整形外科と回復病棟ですよ」と教えてくれるような病院だったのです。

旅は、二か月の休暇を利用してのものでした。クロアチアの次はロンドンでの奉仕が予定されていました。しかし、そのプランはすべてキャンセルされました。傷の痛みと続く発熱、頭痛。生まれて初めての海外での入院生活の不安。そして煩雑な手続き。旅行を共にし、そのまま付き添い看護することとなった妻ともども、何度も心が折れそうになりました。それを乗り越えることができたのは、あの大震災で神さまが荒れ野に道をもうけ、砂漠に大河を流すお方であることを学んでいたからではないかと思います。一生歩けないのではないかと心配したのに、今では普通に歩き、走ったりもしています。

私は、最悪に遭遇したら次は最善が待っていると信じるようになりました。

今、多くの人がコロナ禍で大変です。ある人は解雇されて生活の糧を失い、ある人は店を失い、ある人は後遺症に悩まされています。しかしそれでも未来が消えたわけではありません。**荒れ野の中にも道はあるのです。**

誰の人生にも困難があり、赦せないことがあり、痛みがあります。「あのことを考えたらもう立てない」「あの場面を記憶から消し去りたい」「自分なんか絶対ダメだ」「もうどうにもならない」。そんな声が聞こえます。しかし、聖書は、愛されていると信じるなら振り返るなと語ります。涙で未来を染めたままにしてはいけない、と。

「見よ、新しいことをわたしは行う。

今や、それは芽生えている。
あなたたちはそれを悟らないのか。
わたしは荒れ野に道を敷き
砂漠に大河を流れさせる」
（イザヤ書43・19）

この神さまの約束を信じ、断ち切るべき悲しみは断ち切り、赦すべきは赦し、一歩を踏み出しましょう。今はわからなくても、あなたの未来を備えてくださっている神さまの愛を信じて。

参考資料
〈坂本龍馬関連〉
『日本キリスト教歴史人名事典』教文館、２０２０年
『日本キリスト教歴史大事典』教文館、１９８８年

『聖書を読んだサムライたち――もうひとつの幕末維新史』守部喜雅、いのちのことば社フォレストブック、2010年
『日本人の叡智』磯田道史、新潮新書、2011年

〈長崎・浦上の原爆被害関連〉
『日本史広辞典』山川出版社、1997年
『新カトリック大事典』研究社、1996年
長崎原爆資料館「長崎原爆と浦上天主堂」
https://artsandculture.google.com/exhibit/QRfpvy4V?hl=ja

「コロナ後の世界」を生きる

いわき市移転後に教会員が共同で住む住宅

月１回の礼拝が再開された小高チャペル

⚜「想定外」の人生

東日本大震災から一〇年。福島第一聖書バプテスト教会はみなさまのお祈りによって支えられましたが、大震災に遭遇し、その後コロナ禍に遭遇するとは思いもしませんでした。

大震災の時、私たちの教会の信徒はふるさとを失って全国にバラバラになりました。集まりたくても集まれなくなりました。それでも、約三分の一の教会員が一緒に避難をし、避難生活の中で毎日集まって礼拝をしていました。その後、ブーメランのように福島県の南県境にあるいわき市に戻って「つばさの教会」という会堂を建て、みなその界隈に住み、一緒に礼拝をしてきました。

ところが、その戻った「つばさの教会」がありながら、二〇二〇年のコロナ禍では集まることができなくなりました。私たちは一か月半の礼拝をリモートでささげることになりました。YouTubeで発信する教会の礼拝がまるでテレビ番組ででもあるかのように受け取られないために、「リビングが礼拝堂です。キッチンが礼拝堂です。どうぞ献金箱を用意してください」とお願いし、できるだけいつもの礼拝であるように工夫しました。とはいえ、説教者である牧師が会衆のいない礼拝堂で空《から》の椅子に向かってメッセージをし、賛美をすることはとても悲しいことでした。

震災で「想定外」を経験し尽くしたと思っていたのに、こんな「想定外」もあるのだと驚かされています。

人生にはこうした思いもよらぬことが起き、私たちを慌てさせ、悩ませ、苦しませます。東日本大震災では、喪失は人生そのものであると体験させられました。そして今、コロナであらたな試練を受けています。どうやら人生には

「想定外」はつきもののようです。

⚜「コロナ後の世界」に生きるための三つの資産

『コロナ後の世界』（文春新書）という本があります。コロナの第一波が終わり、第二波が始まる直前の二〇二〇年七月に出版されました。欧米の主要都市ではロックダウンが続いていた頃です。アメリカとイギリス在住の、さまざまな分野の第一人者五人による共著です。

その中に、リンダ・グラットンというロンドン・ビジネススクールの教授がいます。プロフィールによると、人材論、組織論の世界的権威とあります。彼女は、「ロックダウンで生まれた新しい働き方」というテーマでこの本に書いています。

興味深いので簡単に一部を紹介します。

まずグラットンは冒頭で、コロナは「この世の終わりではない」と説きます。コロナの蔓延によって失われた人命、奪われた大切なものがあります。確かにこれまでにこんな経験をしたことはなかったし、誰も予想しませんでした。けれども、第二次世界大戦を生き抜いた彼女の父母の世代の想像を絶する経験を考えると、パンデミック（世界的大流行）は「世の終わり」とは言えないと言います。

そして、確かに新型コロナウイルスは今後の日常生活を変容させるが、それは、第二次世界大戦後に親たちが廃墟から立ち上がったように、社会全体を変えていく機会でもあると思う、と語ります。

広島・長崎に原爆が落ちた時、今後何十年間は草木も生えないだろうと言われたそうです。しかし自然も街も人もみるみる復興しました。もちろん、原爆症など、人々の苦しみは大きかったのです。それでも、生命は私たちの想像を越えて回復していきました。そしてこの被爆経験は戦後の日本人の考え方を変え、平和を求める社会に変えていったと思います。

二〇一一年の東日本大震災による原発事故で私たちの故郷は放射能に汚染されました。わが家は帰宅困難区域にあって今でも放射線量が高いのです。それでも、この一〇年、自宅の様子を見るために通う道路から見える風景は変化してきました。放射能に関してはいろいろな意見があり、感じ方も違いますが、正直に言うと、私にはその回復がうれしいのです。

見えるものが足元から崩れると、私たちはまるで「この世の終わり」であるかのように思います。しかし、それは違います。この世の終わりではなく、グラットンが言うように**この世の変化の始まり**なのです。

さらにグラットンは、コロナを経験し、コロナ後を生きる人には三つの無形資産が必要であると説きます。「生産性資産」「活力資産」「変身資産」です。「生産性資産」は、会社や組織に頼らない個人のスキルです。スキルはコロナによって失われていませんし、コロナ後も積み上げていくことができます。

「活力資産」は、肉体的・精神的な健康という資産です。健康であればさまざまな活動ができます。

「変身資産」は、さまざまな変化に対応できる力のことです。

私が特に注目するのは、三番目の「変身資産」です。

実はこれまでも私たちはさまざまな障害や壁に突き当たって、その度に自分自身を変えながら乗り越えてきました。「変身」できるということは、大きな希望であり可能性です。コロナに直面し、いまだかつて経験したことのない「コロナ後の未来」をこれから生きることになります。それは今の自分では無理かもしれませんが、変わっていく自分、変身する自分であれば可能なのではないでしょうか。変わることができるとは大きな希望ではないでしょうか。

そのことを私は大震災を経験して知りました。

み言葉が「（主が）人の子らを苦しめ悩ますことがあっても　それが御心なのではない」（哀歌3・33。『聖書　新改訳2017』では「主が人の子らを、意味もなく、苦しめ悩ませることはない」）と語るように、私たちには「想定外」であっても、神さまは意味もなく苦しめたり、悩まそうとは思っておられないのです。大切なことは、この経験を通して私たちに何を学ばせ、私たちの中に何を育てようとしておられるのかということです。

「黄金の冬ごもり」としてのコロナ禍

旧約聖書レビ記25章に安息の年とヨベルの年の規定があります。規定では、七年目毎に土地に安息を与えなければなりません。その年は種を蒔いても収穫をしてもいけないのです。さらに七年を七倍した四九年が過ぎた五〇年目は、「ヨベルの年」と呼ばれて全住民に解放が宣言されます。この年には売られた土地も売られた人も買い戻され、土地は元の所有者に、人は家族の元に帰ることができます。そしてやはり種蒔きも収穫もせずに土地を休めます。

こうして土地も人も回復されるのがヨベルの年です。

私は今、コロナ禍をヨベルの年のように思っています。

ある人にとっては病気、ある人にとっては事故など、それまでの景色が一変するようなことが人生では時々起こります。その時、今まで当然と思ってやってきたことが突然できなくなります。足払いをくらったように突然立ち止まらざるを得なくなります。

しかし、そうやって立ち止まったからこそ見える世界があります。やめる勇気がなかっただけで惰性で続けていたことがやらなくてよくなります。今まで当たり前だと思っていたことが当たり前ではないことに気づきます。何もなくなったので真っ白いキャンバスに一から描き始めるように、ゼロベースから物事を考え、始めることができるようになります。

こう考えると、痛みではありますが、コロナ禍にも意味があるのではないかと思うのです。走るのをやめ、動くのをやめて静まって神の声を聞く。ちょうど春を待つ冬ごもりのように、また階段の踊り場のように、これから前進するためにはどうしても通らなければならない場所、神さまからのプレゼントの時期と受け止めてはどうでしょうか。

私たちは大丈夫です。春は来ます。

「わたしのもとに来て静まれ」（イザヤ書41・1）と語られた主とふたりきりで、「黄金の冬ごもり」の季節をすごしましょう。春は来ます。苛立ちや不安を手玉に取り、信頼や寛容を育んで、来るべきコロナ後の世界への旅支度を始めましょう。

⚜ 人生を諦めない

大震災によって私たち福島第一聖書バプテスト教会と教会員はそれまで築き上げてきたものを突然奪われ、すべての営みを強制的にストップさせられました。チャペルはなくなり、プログラムもなくなり、組織もなくなり、計画もなくなりました。もちろん教会員はそれに加えて自宅も仕事もなくなりました。渦中にいる時には何が何だかわかりませんでした。「いったいなんなんだこれは」と思っていました。「一巻の終わり」だと。

人生を諦めないでよかった、教会をやめないでよかった。

しかし今一〇年経って思うのは、私たちはあの経験を通してとても大切なことを教えられたし、あの経験を通して多くのことを変えられたということです。その結果の「今」があります。当時はつらく暗澹たる気持ちでしたが、本当に諦めないでよかったと思っています。

すべてを奪われた時は教会が復活するなどとは思ってもいませんでした。手も足も出ない状況に囲まれていました。教会員を巻き込んでの「流浪の旅」は、私が指図したわけでも旗を揚げて「ここに集まれ」と呼びかけたわけでもありません。ただただ、目の前で起こっていることに対処しただけでした。できることはわずかでしたが、とにかく一緒に集まりたい人は集まろうと考えただけでした。そうしたら七〇名も集まってしまいました。そしてその日から「食べる物はどうするか」「寝る所はどうするか」と、抜けられなくなってしまっただけなのです。

当然、悩みは常にありました。

「これは果たしていいことなのか」「共依存ではないか」「安心と思えるのは蜃気楼《しんきろう》で、やがてバラバラになるのではないか」「自己責任でやってもらったほうがいいのではないか」「教会が責任を持つ必要はないのではないか」「こんなこと一生続けられるはずはない」「できるだけ早く自立してもらったほうがいい」「キャンプ場に迷惑もかけているし」……。

こんな悩みがずっと続いたのです。

とはいえ、何を悩んでも現に今ここにいる人たちを投げ出すわけにはいきません。結局はただそれだけの思いによって続けただけです。

その時は地べたを這って前進しているのか後退しているのかさっぱりわかり

ませんでした。未来がどうなるかなどということはまったくわかりませんでした。しかし、結果としてやめなかった、諦めなかったことが未来を開いてくれました。

その時は絶対思い描くことができなかった三年後、五年後、十年後の未来。でもその未来はあったのです。

今もコロナ禍で大変です。未来が描けないと思っている人も多いでしょう。しかし絶対に未来はあります。神さまがその未来を約束しておられるからです。もちろん、震災の悲しさは今もあります。三月十一日が近づけば時に涙のスイッチが入ることもあります。自宅を壊して更地にした時も、子どもを育てた思い出の家を壊すのはつらく、悲しいものでした。でも、人間は変わることができるのです。いつからか、苦しくとも半歩でも前進しようと自分の中でも気持ちが切り替わりました。心のスイッチが入れ替わったように思います。あんなにやけになって嘆いていたのに、自分でも知らない心のスイッチが入れ替わったように思います。

神さまは私たちの耐える力を超えた回復力を用意してくださっているのではないかと思います。自分にはわからない力、それまでの人生で一度も使ったことがなかったスイッチ。それが非常時に作動する、そんなことがあるのかもしれません。

「コロナ後の世界」でも、「あの経験があったから全然違う世界に来ることができたね」という未来があるのではないでしょうか。

⚜震災がくれた「変身資産」

震災を通して私の福音理解と人生観が変わりました。

日本人はパーフェクト主義と言われます。百点でなければダメ、結果が出なければダメ、と。しかし震災は、結果よりもプロセスが大事なのだと教えてくれました。教会が復興したかしなかったか、ゼロか百かではないのです。その途中で泣きながらでも立ち上がったとか、助け合ったとか、それが大事だったのです。

「あの目標、あの計画はつい去った」と嘆くのではないのです。人生は目標という頂上達成よりも、一合目、二合目というプロセスの積み重ねです。ちょうど出エジプトの旅路のように、一つ一つの出来事を通して私たちは成長させられていくのです。そして神さまもそのプロセスを見ておられるのです。コロナでも同じではないでしょうか。

何がなくても、また結果が出なくても、いのちがあって生かされていてイエスさまを信じて、一合目は一合目で歩めていれば、それで十分なのです。

また、それまでの教会は「あれも、これも」といろいろなことをやっていましたが、何もなくてもいいんだということもわかりました。雨の降る中、傘をさして礼拝をしました。礼拝堂はなくても屋根さえあれば十分と思うようにもなりました。

いのちの意味も知りました。生きている、それだけで私たちは本当に感謝だったのです。

何ができなくても、イエスさまを信じたらそれでもう十分だったのです。「以前のように奉仕できない」と嘆く必要もありません。奉仕ができることは幸いですが、できなくてもいいのです。存在の尊さに比べれば、何かができるということは、おまけのようだなと思います。

牧師である自分自身の見方も変わりました。私はこの教会の牧師ですが、本当の大牧者は「あなたは高価で尊い、あなたを愛している」とおっしゃってくださるイエスさまなのだと今更のように勉強し、肩の力が抜けました

何ができるとかできないとかは関係なく、最後は天のふるさとへ行くのです。それ以外はおまけです。お互いにできることをやればそれで十分なのです。百

を求める必要はないのです。

⚜ やめることができた幸い

ある信徒が、大震災で家をなくしたおかげで肩の荷が下りた思いがすると語っています。子どもたちが巣立ち、連れ合いも亡くなりました。田舎の家に独り住んで、家の修繕、庭の草取り、植栽の剪定をやらなくてはなりませんでした。その思い煩いがなくなりました。もちろん、なつかしい家・故郷を失った悲しみはあります。しかし時を経て振り返ってみると、震災はけっしてマイナスばかりではなかった、無理やりではあっても手放して良かった面もあったことに気づかされたのです。

家や土地、故郷そのものが神ではないということ、見えるものを絶対視するこ

とはないのだということがわかったわけです。

神さまさえいれば、そこが故郷でありわが家なのだということ、主が共におられればそこが幸せの場所なのだということを学びました。

コロナでも同じことが言えるのではないでしょうか。ヨベルの年に自分の地所を買い戻したように、また農耕をやめて土地を休めたように、静まる時は静まって振り返る。今まで縛られていたものから解放される。それは次のステージへの産みの苦しみです。神さまが静まるようにおっしゃっておられるのだととらえると、コロナも意味があると思えてきます。

世の中には慣性の法則というものがあり、教会も人生も長年やってきた事柄をやめたり、変えたりすることは容易ではありません。始めるよりもやめることと、得ることよりも手放すことのほうが難しいとさえ言われます。新しい酒は新しい革袋にとわかっていても、なかなかそうはならないものです。

コロナ禍の今、私たちはそういう慣性から離脱する時を迎えているのかもしれないと思うのです。

⚜教会は死ななかった　関係とスキルは残っていた

ある牧師が私たちを見て、「教会というのは建物がなくても大丈夫なんだと思った」と言うのです。確かに私たちは建物を失っても教会であり続けることができました。

震災で教会員は全国にバラバラになりました。でも繋がりは切れませんでした。沖縄に避難した人とも北海道に避難した人とも繋がりを持ち続けることができました。しかし、その教会員が震災ですべてを失ってがっかりしていました。うなだれていました。ですから、遠方でたとえ通えないとしても、目に見える建物としての「教会堂」の復興が必要だったのです。教会が希望だったのです。「いわきに教会を建てる」とお知らせしたところ、そういう人たちから多くの献金が届きました。かつて培われた人間関係、人との繋がりは壊れていなかったのです。

震災以前、浜通りは土地が安いこともあって私は数年毎にいろいろな建物を建ててきました。教会員から献げられた土地もあります。そこにもチャペルを建てました。気がついたらそれは、前掲のグラットンが言う「生産性資産」のスキルだったのです。もしそのスキルがなければ、いわき市に新しい教会堂「つばさの教会」を建てようと思いはしなかったかもしれませんし、またあれほど早く建つこともなかったかもしれません。

一九八二年、私は神学校を卒業すると同時に、当時二〇人くらいの信徒がいた福島第一聖書バプテスト教会に赴任しました。牧師としてはまるで初心者でした。

教会がある大熊町は人口一万人程度。土地の人の多くは農業で暮らしていました。近隣に教会はありません。牧師は私しかいません。教会も、この教会しかありません。土地の人たちにとっては牧師と言えば私、教会と言えば福島第一聖書バプテスト教会だけです。

そんな地域では神学校で学んだこと、書籍で学んだことだけでは人々の心に届きません。全然通じないのです。その通じないという経験が私を育てました。地域と信徒が私を育ててくれました。そしてその後の伝道牧会でいくつかのチャペルを作って広域伝道を行いました。

こうしたスキルがすべて大震災の時に生きたと思います。また、いわき市で新しく伝道をし、教会を作るのに役立ちました。

⚜ すべては益となった

振り返ると今までやってきたことが益となり、何一つ無駄なことはなかったのだと知ります。積み上げてきたスキルも、ただ同じことを繰り返すのではなく、バージョンアップし、変身するのだ、と。

かつては普通の地方伝道・農村伝道でした。震災を経験してからはあらたな使命が与えられました。少しずつ、少しずつ回復し、元気を与えられ、目の前にまだやることがあるということを発見してきました。

ホレチェク先生が「やがてこの教会はいわき市で伝道するようになる」と語っていたというのも、後から知ったことです。しかしそれは偶然ではないのです。「つばさの教会」の土地は私たちのために備えられていた土地なのです。ここが最高の土地なのです。

私たちはかつてホレチェク先生が指し示した未来に来たのです。その象徴が「つばさの教会」なのです。

コロナ禍の中で神さまは静かに働いておられます。今までの世界観、今までの物差し、今までの経験則では超えられない新たなステージに向かって神さまは着々と準備をしておられます。

震災の時に、私たちは集まれなくなり、集まる場所もなくなり、全国に散りました。そこでネットを駆使して配信を始めました。その経験が今回コロナになって役立ちました。コロナで礼拝に集まることができなくなった途端にネットによる礼拝に切り替えることがとても自然にできたのです。

その配信を、教会に来なかった家族も見てくれていました。教会の敷居が低くなりました。海外からも反響がありました。日本語を勉強している外国人が礼拝を見るようになりました。ネット礼拝に参加していた人が洗礼を受けました。思いもしない想像の枠を超えたことが起こっています。コロナだからこそ起こったことがあるのです。マイナスだけではないのです。

夕暮れには涙が宿っても、朝明けには喜びの叫びがある

詩編30編5節に、「夕暮れには涙が宿っても、朝明けには喜びの叫びがある」(『聖書　新改訳2017』。新共同訳では6節の「泣きながら夜を過ごす人にも　喜びの歌と共に朝を迎えさせてくださる」)という御言葉があります。

夕暮れの涙は、未来までも涙で染めはしないのです。朝には希望と喜びの叫びがあるのです。私の孫の名前はこの詩編からとって「朝希」です。早産で、救急車で運ばれました。未熟児でした。生まれたという連絡は来たけれど、その後の連絡がありません。やがてお医者さんから、「今回は諦めてください」との連絡がきました。

それからです。私も妻も必死に祈りました。教会の人にも祈ってもらいました。その小さないのち、身体中くだにつながれたいのちは息を吹き返し、後に退院しました。医師が、「これは奇跡ですよ。あたりまえじゃないですよ」とおっしゃいました。だから「朝希」なのです。朝の希望なのです。

「神は真実な方です。あなたがたを耐えられないような試練に遭わせること

はなさらず、試練と共に、それに耐えられるよう、逃れる道をも備えていてくださいます」（Ⅰコリント10・13）

私たちが遭う試練は人が知らないような試練ではありません。神さまは試練を与えますが、脱出の道も備えてくださいます。今はコロナ禍ですが、必ず脱出の道があります。神さまは「コロナ後の世界」に私たちの手をとって招いておられると思います。

【著者略歴】
佐藤彰（さとう・あきら）

1957年3月11日、山形市に生まれる。聖書神学舎卒業。1982年保守バプテスト同盟・福島第一聖書バプテスト教会牧師となる。2011年3月11日東日本大震災に遭い、教会は一時閉鎖。教会員と共に流浪の旅に出た。2012年にいわき市に移転し、翌年同市に「つばさの教会」を献堂。現在は主任牧師を退いてアドバイザー牧師。

「不安の時代」を生きる
悲しみの過去を手放し　希望の未来へ

2021年3月20日　初版発行

著者　佐藤　彰
発行　日本キリスト教団出版局
〒169-0051　東京都新宿区西早稲田2丁目3の18
電話　03-3204-0422　編集　03-3204-0424
https://bp-uccj.jp

印刷・製本　河北印刷株式会社
装幀　デザインコンビビア

ISBN978-4-8184-1079-4　C0016　日キ販
Printed in Japan